CATALOGUE
DE DESSEINS
DE MAITRES TRES RENOMMÉS.

Tels que *Raphaël, Michel-Ange , Jules Romain , Correge , les Carraches , le Guide , le Dominiquin , le Guerchin , Titien , Paul Veronese , Carle Maratte, Gerard Dow , David Teniers , Breughel de Velours , Paul Bril , Nicolas Poussin , le Sueur , Lafage & autres.*

Tableaux des diverses Ecoles ; des Miniatures, des Grouppes & Figures de bronze, des Estampes en feuilles & en volumes, après le décès de Monsieur le Marquis DE GOUVERNET.

Par PIERRE REMY.

Cette Vente que l'on commencera par les Desseins & Estampes , se fera le Lundi 6 Novembre 1775 , de relevée & jours suivants , rue de Vaugirard , au coin de la rue Notre-Dame-des-Champs.

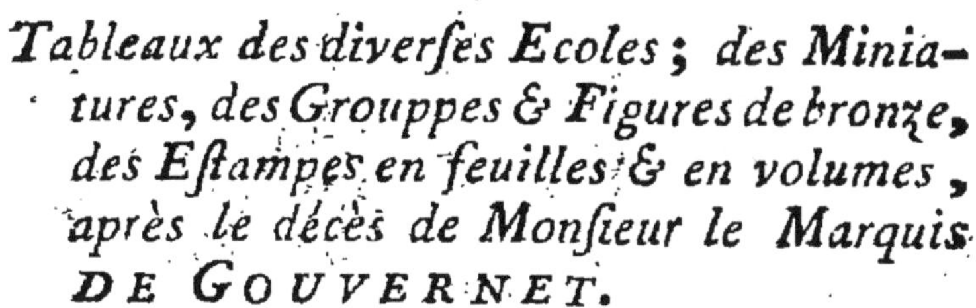

A PARIS,

Chez {
PIERRE REMY , Peintre , rue des Grands Augustins.
MUSIER , Pere , Libraire , Quai des Augustins.

M. DCC. LXXV.

1775 avec les prix 2ᵗ
quittancez 6 novembre

CATALOGUE

Des Deſſeins, Eſtampes, Ta-
bleaux, Bronzes & autres ob-
jets, après le décès de M. le
Marquis de Gouvernet.

DESSEINS.

ÉCOLE FLORENTINE.

Michel-Ange Buonaroti.

1. Un Chriſt, étude précieuſe au fuſin. Autre Chriſt & Notre Seigneur en Croix entre des Larrons, deſſeins à la plume.

2 Sept autres études de figures & têtes deſſinées à la plume.

A ij

Dominique *Passignani.*

3 Le couronnement de Cosme I,
grand Duc de Toscane, & quatre
autres bons desseins, à la plume &
lavés de bistre.

4 Huit desseins spirituellement faits
à la plume & lavés de bistre, dont
sept pour la vie de S. François de
Sales.

5 Onze autres desseins.

ÉCOLE DE SIENNE.

6 L'adoration des Rois, & cinq autres desseins de *Balthazar de Sienne.*

7 Douze autres à la sanguine, à la
plume ou au fusin, par le même
Balthazar & le Sodoma.

8 Douze *ditto.*

ÉCOLE ROMAINE.

Raphaël Sancio d'Urbin.

9 Un dessein fini & d'une belle conservation ; il est à la plume, lavé &

rehauſſé de blanc : l'eſtampe qui y
eſt jointe eſt gravée par Vincent le
Sueur, N° 38 de l'œuvre de M.
Crozat. Raphaël a tiré le ſujet de ce
deſſein de Lucien , pour former
l'Hercule tel que les Gaulois le re-
préſentent.

10 La Madelaine chez le Phariſien :
on en connoît l'eſtampe gravée en
clair obſcur ; ce deſſein eſt à la
plume, lavé & rehauſſé de blanc.

11 La pêche de Saint Pierre, *idem.*

12 Une penſée pour le tableau de Ste.
Cécile , & l'eſtampe gravée par Ma-
demoiſelle Cheron , dans le temps
que ce deſſein appartenoit à M. de
Piles.

13 La Vierge avec l'Enfant Jeſus &
Saint Jean : ce deſſein précieux bien
conſervé, eſt à la plume ; c'eſt la
penſée du tableau de la Vierge dite
au corſet rouge que l'on voit dans
le Palais du Luxembourg.

14 Le ſacrifice de Noé, peint dans les
loges du Vatican ; ce deſſein eſt lavé.

15 Un grand deſſein lavé & rehauſſé
de blanc : l'eſtampe qui en a été
gravée y eſt jointe. Son ſujet eſt la

calomnie peinte par Apelles, exécuté par Raphaël, ſur la deſcription qu'en fait Lucien au dialogue de la calomnie, tome 3.

16 Une figure d'homme qui ſe trouve dans le Parnaſſe du Vatican, & deux autres deſſeins de compoſition, dont une étude de pluſieurs figures.

17 Deux deſſeins à la plume, l'un compoſé de ſix figures, & l'autre de cinq.

18 Deux études de figures nues pour le tableau de la diſpute du Saint Sacrement, & une autre étude à la plume.

19 Deux belles études de pluſieurs figures pour le tableau de l'Ecole d'Athenes & une eſtampe d'après un de ces deſſeins.

20 Deux ſujets de Vierge & trois autres deſſeins.

21 Deux grands deſſeins du couronnement de Charlemagne, l'un original, mais mal conſervé, l'autre copie de *Babtiſta Franco*, & le trait gravé de ce deſſein par P. P. A. Robert.

22 Un ſujet de Vierge, un homme ayant les mains jointes, & les études de deux muſes qui ſont aſſiſes aux

côtés d'Apollon dans le Parnasse.
Ces quatre desseins sont à la plume.

23 Cinq desseins, dont quatre à la
plume.

24 Notre Seigneur à table avec les Pé-
lerins d'Emmaüs ; ce dessein est à la
plume, estampé à la sanguine & rehaussé de blanc. Plus, deux études
de femme à la sanguine.

25 Dix études. Dans ce nombre se
trouve le carton en grand d'une tête
de femme qui peut être de Jules
Romain, étant encore sous Raphaël.

Jules Pippi, connu sous le nom de
Jules Romain.

26 Deux grands desseins au bistre, rehaussés de blanc ; l'un représente la
marche d'un triomphe, l'autre un
festin.

27 La chasse du sanglier de Calydon,
& un sujet d'un bas relief.

28 La Sybille montrant à Auguste la
Sainte Vierge qui est dans la gloire :
ce dessein capital est à la plume &
lavé de bistre.

29 Deux bacchanales & un sacrifice à

Jupiter : ces trois desseins sont aussi
à la plume & lavés de bistre.

30 Six desseins à la plume, dont une
figure d'Hercule & un Guerrier Romain, lavés de bistre.

31 Quatre desseins à la plume, & lavés de bistre, & deux têtes, l'une
d'homme à la plume & estampée à la
sanguine, l'autre de femme, à la
plume & lavée : elles viennent du livre de dessein du Vasari.

Polidor de Caravage.

32 La prédication de S. Jean, la Résurrection du Lazare, & notre Seigneur que l'on porte au tombeau :
ces trois desseins distingués sont lavés & rehaussés de blanc

33 Sept compositions différentes lavées:
plusieurs sont rehaussées de blanc.

34 Dix autres desseins, sujets & figures lavés de bistre.

35 La transfiguration, dont le fameux
tableau est à Messine, & deux autres
desseins, tous à la plume & au bistre.

36 Douze desseins, six sont à la plume :
les six autres à la sanguine.

Ecole romaine.

Mathurin.

37 Un deſſein lavé, rehauſſé de blanc
& d'une belle conſervation : il repréſente les Prophetes de Baal qui
invoquent Elie pour faire deſcendre
le feu du Ciel ſur leur ſacrifice.
38 Quatre deſſeins lavés & rehauſſés
de blanc.
39 Treize autres, preſque tous à la
plume & lavés.

Jean de Udine.

40 Dix deſſeins d'ornements ou groteſques.

Tadée & Frédéric Zuccaro.

41 Quatre grands deſſeins lavés de
biſtre.
42 L'adoration des Mages, le Paradis
& deux autres deſſeins.

*Joſeph Ceſari, dit Joſepin, & François
Allegrini de Gubbio ſon éleve.*

43 Hercule endormi, deux Lutteurs,

A v

Andromede attachée au rocher, Jupiter, & une femme couchée ; ces
cinq desseins distingués sont au trois
crayons par *Josepin.*

44 Douze desseins de *Josepin* & de
Gubbio.

45 Huit autres de ces deux maîtres.

Crescenzio Onofrii, éleve du Gaspre.

46 Huit paysages, à la plume & au
pinceau.

47 Onze autres desseins de paysages.

Le Chevalier Carle Maratte.

48 Annibal Carrache qui releve la
peinture représentée par une femme
& la conduit au Temple de mémoire ; c'est la composition de l'estampe gravée par Pierre Aquila, &
qui est mise à la tête de la galerie
Farnese. Ce dessein, terminé au
pinceau, estampé & rehaussé de
blanc, est très capital.

49 La Vierge enlevée par des Anges,
grand dessein d'un faire excellent, à
la plume, à la sanguine & rehaussé
de blanc.

50 Sainte Cecile enlevée dans le Ciel

& environnée d'Anges. Ce deffein
qui eft précieux eft à la plume, rehauffé de blanc au pinceau fur papier gris.

51 Le même fujet différemment com- .72
pofé auffi à la plume, rehauffé de
blanc fur papier bleu.

52 Saint Charles dans la gloire ac-
compagné d'Anges, dont un tient
une couronne : ce bon deffein eft à
la plume, rehauffé de blanc fur papier biftré.

Cavalier Giacinto Brandi.

53 Notre Seigneur foutenu par Saint
Jean ; la Madelaine lui baife la
main droite, la Sainte Vierge eft
dans la douleur la plus vive. Ce deffein diftingué eft au biftre rehauffé
de blanc au pinceau.

54 Saint Ignace, très beau deffein au
biftre rehauffé de blanc au pinceau
par *Louis Geminiani.* Hercule &
Omphale par *Daniel Saiter.* Une
Madelaine *d'Auguftin Scilla*, & une
allégorie par *Lenardi.*

55 Cinq deffeins : quatre font lavés &
rehauffés de blanc au pinceau, dont

A vj

un sujet pieux par *Pietre de Pietri.*

56 Cinq autres par *Bonaventura Lamberti*, *Michel Angelo Ricciolini*, *Guiseppe Chiari*, *Melchior Bravo* & *Ghezzi*.

57 Huit desseins de maîtres différents.

ÉCOLE DE LOMBARDIE.

Antoine Allegri, ou Lieto, surnommé le Correge.

58 Onze desseins, dont plusieurs du livre de Vasari.

59 Dieu le Pere porté par les Anges : dessein au fusin que le sieur Magnavacca de Bologne regardoit comme le premier de son cabinet, & sept autres desseins.

60 Six desseins.

61 Sept autres, dont un à la plume.

62 Six desseins dont le mariage de Ste. Catherine, fait à la plume.

63 Six grands desseins, dont plusieurs nous paroissent être du Correge.

François Mazzuoli, dit le Parmezan.

64 L'annonciation de la Ste. Vierge,

deſſein capital à la plume, lavé &
rehauſſé de blanc.

ÉCOLE DE BOLOGNE.

Louis, Annibal & Auguſtin Carrache.

65 Six payſages à la plume, dans l'un
deſquels eſt repréſenté la fuite en
Egypte.
66 Six autres payſages auſſi à la plume.
67 Six *ditto*.
68 Six payſages des Carrache & autres
maîtres.

Guido Reni, dit le Guide.

69 Saint Jérôme, deſſiné au fuſin ſur
papier blanc. Une ſibille à la pierre
noire, rehauſſée de blanc ſur papier
gris, & deux autres deſſeins.
70 Six deſſeins, dont deux à la plume
& lavés ; compoſitions différentes
pour un tableau repréſentant Saint
Ignace à qui Jeſus-Chriſt apparoît
portant ſa Croix.
71 Trois belles têtes de proportion
naturelle, ſavoir, une de Chriſt

couronné d'épines , une de S. Jean ,
à la pierre noire & à la ſanguine ſur
papier gris. Une d'homme inconnu ,
à la pierre noire rehauſſé de blanc
ſur papier bleu.

72 Huit études , dont trois à la plume.
Plus , une figure d'académie à la
ſanguine.

73 Deux ſujets de compoſitions , deux
payſages & deux académies.

74 Deux payſages à la plume , & ſix
autres deſſeins.

Dominique Zampieri , dit le Domini-
quin.

75 Une fuite en Egypte , & deux autres payſages à la plume.

76 Quatre autres payſages auſſi à la
plume.

77 Huit deſſeins du Dominiquin &
autres maîtres , les uns à la plume ,
les autres à la ſanguine.

Jean François Barbieri , dit le Guerchin.

78 Un deſſein précieux , à la plume &
lavé : il repréſente un repos en
Egypte.

79 Deux autres beaux desseins à la
plume, dont un très fini composé
d'un Prêtre qui tient un livre, d'un
jeune garçon qui porte un enfant, &
de deux autres figures.

80 La tentation de Saint Antoine, des-
siné à la plume & lavé de bistre.

81 Un grand paysage enrichi de figures
sur des plans différents, & un théâ-
tre très orné, & beaucoup de spec-
teurs : ces deux bons desseins sont à
la plume lavés de bistre.

82 Deux desseins à la plume, & d'une
parfaite conservation : dans l'un on
voit une riviere & des hommes qui
se baignent, dans l'autre de l'architecture dans un jardin & des figures.

83 Deux beaux paysages avec figures,
à la plume.

84 Quatre autres paysages.

Pierre Facini.

85 Huit desseins, sujets & paysages,
dont sept à la plume ; plusieurs sont
lavés de bistre.

86 Dix autres desseins.

87 Sept desseins, dont une Madelaine
pénitente, & un *ex voto* à la Vierge,

d'après un tableau qui est dans l'Eglise de S. François à Bologne.

ÉCOLE VÉNITIENNE.

Titien Vecelli, de Cador.

88 Un dessein capital, terminé à la plume & bien conservé, représentant des figures & animaux dans un paysage : il est connu sous le nom du Fluteur. On en trouve l'estampe gravée par le *Titien* même.

89 Deux paysages, dont un distingué & orné de deux figures, à la plume.

Paul Calliari de Verone, dit Paul Veronese.

90 Un repos en Egypte. Ce dessein, d'un mérite éminent, qui a appartenu au Chevalier Pietro Leli, & dont on trouve l'estampe gravée par Vander Borcht, est à la plume & rehaussé de blanc au pinceau.

91 Un Saint Evêque entre deux autres Saints, & un autre dessein, tous deux lavés & rehaussés de blanc au pinceau.

92 Les quatre Evangéliftes, & des Prophetes, en deux deffeins à la plume, lavés & rehauffés de blanc au pinceau.

93 Deux études & une décoration d'architecture, avec figures pour un plafond, à la plume & lavé.

André Meldolla, dit le Schiavon.

94 Notre Seigneur au tombeau : ce deffein capital, lavé & rehauffé de blanc au pinceau, eft compofé de onze figures.

95 Une Sainte Famille, & la guérifon du Paralytique, à la plume ; ce dernier deffein eft lavé de biftre.

ÉCOLE ESPAGNOLE.

96 Un deffein de *Pietro Catelani*, & deux de *Vanegas*.

97 Sept autres deffeins de ces Maîtres.

98 Huit deffeins, *idem.*

ECOLES FLAMANDES,
HOLLANDOISE ET ALLEMANDE.

99 Vingt deffeins de vieux Maîtres.

100 Vingt autres desseins aussi d'anciens Maîtres.

101 Treize desseins de *Corneille Schut* & *Abraham Diepenbeck.*

102 Dix autres par *Diepenbeck* dont quatre en grisaille a huille.

103 Dix-sept desseins de *Schut*, *Diepenbeck* & autres Maîtres.

104 Trois belles études au fusin dont celle du tailleur de plume de *Gérard Dow.*

105 Un sujet d'Enfans & un Paysage avec architecture figures & animaux ; ces deux desseins sont à la plume & lavés par *Cornille Polenburg.*

106 Trois beaux desseins d'animaux, poissons & fruits, par *François Snyders*, deux sont colorés & faits au pinceau.

107 Un sujet de l'ancien Testament, ce beau dessein terminé est lavé & un peu coloré par *H. V. Limborch.*

David Teniers.

108 Une Danse, composition de trente une figure, & un Paysage.

109 Huit belles études, Paysages ou sujets.

110 Dix desseins de *Pinas*, *Orizonti*, *Perselis* & autres.

111 Onze desseins d'*Orizonti*, *Rose-d'Italie*, *Both* le vieux, *Bramer* & autres.

112 Un dessein très fini, à la plume, par *Jean Wisscher*, il représente deux figures & des animaux dans un Paysage.

113 Un autre Paysage avec figures & animaux, dessein aussi précieux que le précédent par *Jean Wisscher*

114 Sept desseins de *Christian Reder*, dit Leandre ; *Glauber*, *Valkembourg* *Houbraken*, & *Schoon Jans*.

Jean Breughel, *dit le Breughel de Velours.*

115 Des chûtes d'eau, des fabriques & du Paysage dans un Pays très étendu & terminé par des montagnes, ce riche dessein est à la plume, & un peu coloré, il a été gravé par Gilles Sadeler.

116 Un autre beau Paysage à la plume & coloré en partie, on y voit un pont plusieurs maisons & des figures.

117 Deux autres Paysages.

118 Un Paysage enrichi de rochers &
chûte d'eau ; ce dessein a la plume,
lavé à l'encre sur velin est d'un fini
précieux, sa datte est de 1621. Un
autre Paysage aussi à la plume &
lavé de bistre.

119 Deux Paysages dessinés a la plume
l'un en 1607, l'autre en 1619.

120 Deux autres Paysages.

ÉCOLE FRANÇOISE.

Nicolas Poussin.

121 Un grand dessein très capital, a
la plume & lavé à l'encre, il représente Camille qui fait fouetter le
maître d'École.

122 L'adoration des Rois, très beau
dessein a la plume & lavé.

123 Autre adoration des Rois.

124 Quatre desseins dont l'enleve-
ment des Sabines.

125 Un sujet & deux paysages à la
plume.

126 Sept paysages, tous à la plume.

127 Six autres paysages.

Charles le Brun.

128 Le triomphe de la Sainte Vierge ; sujet du plafond de la Chapelle du Séminaire de S. Sulpice. Ce grand deflein, qui mérite confidération, eft à la plume lavé à l'encre.

Euſtache le Sueur.

129 Neuf belles études de figures.
130 Huit autres études de compofitions ou figures.

131 Cent quarente-fix defleins. On fait de quel confidérations font les 22 tableaux repréfentant la vie de S. Bruno que le *Sueur* a peints dans le cloître des Chartreux à Paris. *Chauveau* les a gravés. Ces defleins-ci en font les études au nombre de 124, faites d'après nature, les 22 autres font les compofitions de chaque tableau plus ou moins arêtés,

On voit dans ce grand ou-
vrage de belles expreſſions &
un coulant de deſſein auſſi
parfait que ſi *Raphael* en étoit
l'Auteur.

Raymond de Lafage

132 Huit morceaux compoſant une
friſe, à la plume & lavé, qui repré-
ſentent le triomphe de Flore, gravé
par Ettinger & Benoit Audran.

133 Deux grands deſſeins à la plume;
l'un repréſente le paſſage de la bar-
que à Caron; l'autre un ſujet allégorique : ce dernier eſt lavé.

134 Alphé & Oretus, & un autre deſſein à la plume & lavé.

135 Trois deſſeins à la plume, dont
un très fini, lavé ſur velin, repréſentant la groſſeſſe de Caliſto.

Charles de la Foſſe.

136 La Nature environnée des Graces,
préſidant à la naiſſance du Correge.
Ce ſujet allégorique eſt peint ſur
carton par *Charles de la Foſſe.* Ce cé-

lebre Peintre (dit M. Mariette au
N.º 33 du Catalogue des desseins de
M. Crosat, l'a fait dans la vue d'ho-
norer la mémoire du Correge dont il
savoit priser mieux que personne,
les talents surnaturels.

137 Le portrait du Titien environné 60
de plusieurs figures allégoriques. Ce
morceau peint à huile sur carton, est
aussi de *Charles de la Fosse*.

138 Le buste de Rubens placé à l'en-
trée du temple de mémoire & au 30 . 1
milieu de plusieurs figures allégoriques représentant les Sciences &
les Arts qui ont illustrés ce grand
homme, par *Charles de la Fosse*.

Edme Bouchardon.

139 Vingt desseins études, dont les 12
quatre figures du piedestal de la
figure équestre de Louis XV.

140 Vingt-une autres études aussi à la 9
sanguine.

DESSEINS DE MAÎTRES DE DIFFÉRENTES ECOLES.

141 Un grand dessein à la sanguine 3 . 1

par *Annibal Carrache*, représentant la scene dont le tableau est dans un réfectoire de Moines à Crémone.

142 Six grands desseins.

143 Vingt-quatre desseins de *Marc, Antoine, Bonasone, Silvestre de Ravenne* & autres Italiens.

144 Trente-une études d'animaux de *Jules Romain, Pordenom* & autres maîtres.

145 Huit grands desseins de maîtres Italiens.

146 Vingt-un desseins, dont plusieurs de *Pietro Santi Bartoli, & Baptista Franco.*

147 Huit autres de *Salviati, Bachiche, Lucas de Leyde, Watteau,* &c.

148 La mort de la Sainte Vierge, par *Pietre Perugin*; la résurrection du Lazare par le *Fattore*, & six autres grands desseins.

149 Vingt desseins.

150 Trente-quatre desseins études.

MINIATURES.

151 Trente-deux feuilles sur lesquelles sont peintes avec beaucoup de soin & d'art des fleurs & des plantes d'especes différentes.

152 Vingt-une autre feuilles.
153 Une grande frise : elle repréſente des Voyageurs Chinois.
154 Une autre friſe Chinoiſe.

E S T A M P E S.

155 Le maſſacre des Innocents, gravé par *Marc Antoine*, d'après *Raphael* : cette épreuve eſt avec le *Chicot*.
156 Le parnaſſe, d'après *Raphael*, gravé auſſi par *Marc Antoine*, très beau d'épreuve.
157 Les cinq Saints & la prédication de Saint Paul par *Marc Antoine*. Ces deux eſtampes ſont anciennes épreuves.
158 Dix-ſept eſtampes, preſque toutes d'après *Raphael*, dont la diſpute du Saint Sacrement & l'Ecole d'Athenes par *George Mantuan*.
159 Les cris de Bologne en dix huit morceaux gravés par *Curſi* d'après *Tamburini* & quatre autres eſtampes.
160 Deux porte-feuilles contenant 182 eſtampes en diverſes ſuites de Cavaliers, chaſſes, payſages & animaux, inventées & gravées par *J. E. Ridinger*.

B

161 Trente-huit eſtampes , dont le plus grand nombre eſt d'après Watteau.

162 Des feux d'artifice, illuminations, décorations, &c. en 46 eſtampes.

163 Quatre-vingt deux Feuilles d'oiſeaux, fleurs, &c.

164 Soixante une eſtampes , portraits , figures groteſques & pieces hiſtoriques; plus 8 deſſeins.

RECUEIL D'ESTAMPES.

165 Le ſacre de Louis XV , grand *in-fol. mar. bleu avec dentelles.*

166 L'œuvre de Madame la Marquiſe de Pompadour , en 53 pieces, d'après les pierres gravées de M. Guay.

167 Recueils de peintures antiques , d'après les deſſeins coloriés fait par *Pietre Sante Bartolo.* Paris, *in-fol.* en feuilles dans un carton.

168 Les Indes Orientales & Occidentales , &c. par *Romein de Hooge* , *in-fol.* oblong. broché en carton.

169 Des eſtampes gravées par *Venceſlas Hallar* , au nombre de 1198 belles épreuves, & bien conditionnées en deux volumes *in-fol. magna*

Cet œuvre, qui mérite toute l'attention des Amateurs, est composé de sujets pieux & autres ; modes, caprices, emblêmes, oiseaux, animaux, paysages, vues & portraits, dont nombre d'après des Maîtres Italiens, Hollandois, Flamands & Allemands.

170 Deux volumes *in-fol. cart. maxima,* contenant 152 estampes gravées d'après *Nicolas Poussin.*

171 Un œuvre *d'Antoine Vatteau,* composé de 456 estampes, en trois volumes y compris les deux recueils d'études.

Oiseaux & fleurs peints à gouache en miniatures sur vélin, sous verre avec bordures.

172 Deux feuilles sur chacune desquelles sont peints deux oiseaux perchés sur des branches d'arbre, par *Aubriet.*

173 Deux autres feuilles aussi composées chacune de deux oiseaux, par *Aubriet.*

174 Deux autres feuilles. Sur chacune est représenté un oiseau perché sur

28 *Peintures à gouache sous-verre.*
une branche d'arbre, par *Aubriet.*

6 - 10   175 Deux autres.

7 - 13   176 Deux *ditto* d'*Aubriet*.

7 - 10   177 Deux feuilles de vélin. Sur chacune font repréfentés deux oifeaux.

178 Un cataqua & deux autres oifeaux
peints fur trois feuilles.

4 - 4   179 Un aras & un autre oifeau.

7 - 10   180 Deux autres oifeaux.

7 - 12   181 Deux ditto.

7 - 12   182 Trois oifeaux.

5 - 6   183 Une tulipe & deux œillets nom-
més foffoyers, peints fur une feuille
de vélin par *Jean Vanderwine*.

8 - -   184 Deux tulipes peintes fur deux
feuilles de vélin par *Marc Antoine
Duroux*.

8 - 8   185 Deux autres par le même.

9 -   186 Une tulipe & *Lilio Marciffus Ja-
ponicus*. Cette plante a fleurie en
Octobre 1735 dans le jardin de M.
le Marquis de Gouvernet.

14 -   187 Deux tulipes & des renoncules,
fur vélin.

6 - 3   188. Une tulipe & des renoncules.

12 -   189 Des œillets peints fur une feuille
de vélin, & des renoncules fur une
autre.

12 -   190 Des oreilles d'ours & une Ja-

cinthe en deux feuilles par *Vanderwine.*

191 Deux autres jacinthes.

192 *Lilio Narcissus flore carmenino*, & un ananas.

193 Autre *Lilio Narcissus*, & un tulipier de Virginie, par *G. S. Chrét.*

194 Un ananas.

195 Deux feuilles de vélin sur lesquelles sont peintes sur chacune trois tulipes.

196 Des renoncules peintes sur deux feuilles de vélin.

197 Une tulipe & des renoncules en deux feuilles.

198 Une jacinthe & des anemones.

199 Deux autres feuilles.

200 Deux vases remplis de fleurs.

201 Une belle tête d'amaranthe.

Peintures Chinoises sur glace.

202 Un Chinois & une Chinoise en demie figures sur glace de 9 pouces de haut, sur 6 pouces 6 lignes de large, dans des bordures noires avec agréments dorés.

203 Le faisan doré & sa femelle,

deux porte épics, en deux tableaux
fur glace.

Bronzes.

181 — 204 Jupiter ; la tête eft de bronze, le
corps de prime d'amétifte orné de
draperie de bronze doré. Ce morceau de confidération eft fur un pied
de marbre vert d'Egypte : il porte 13
pouces 6 lignes de haut.

42. 205 Un bufte de faune en relief de 4
pouces de diametre, fur un pied de
marbre de Sicille.

432 206 Le rémouleur. Ce bronze a 14
pouces de haut, non compris un
pied de marqueterie garni de
bronze.

430 207 Mars & Vénus, grouppe de deux
figures : hauteur 18 pouces, fur un
pied de marqueterie orné de bronze.

Tableaux.

400 208 Saint Jean l'Evangélifte tenant un
calice : il eft repréfenté à mi corps,
& peint fur toile de forme octogone,
par *Guido Reni* : hauteur 23 pouces;
largeur 17 pouces.

209 La Sainte Vierge vue de profil &
jusqu'aux genoux ; elle tient l'En-
fant-Jesus qui l'embrasse. Ce tableau
ragoûtant est d'un maître Italien ; il
est peint sur toile qui porte 3 pieds
2 pouces de haut, sur 2 pieds 8 pouces de large.

210 La Sainte Famille & des Anges ;
tableau de mérite peint sur bois par
Beaugin dit le petit Guide : hauteur
11 pouces ; largeur 14 pouces 6 lignes.

211 Un tableau peint sur bois : hauteur 2 pieds 9 pouces ; largeur 3
pieds six pouces. Il représente l'arc
de Constantin, & des ruines dans
une campagne orné de figures par
Giorgion.e

212 Le buste d'un Evêque Grec vu
presque de face, peint sur toile de
22 pouces de haut, sur 19 pouces 6
lignes de large.

213 Deux tabagies peintes par *David*
Teniers sur toile, qui portent chacune 15 pouces 9 lignes de haut, sur
21 pouces de large.

214 Deux tableaux représentant des
légumes, des ustensiles de ménage,
& dans chaque deux figures par

Guillaume Kalf. Ces morceaux font agréables de coloris & d'effet : ils font peints fur bois, & chaque porte 11 pouces 9 lignes de haut, fur 9 pouces 3 lignes de large.

215 Deux tableaux fur cuivre chacun de 6 pouces 9 lignes de haut, fur 9 pouces de large : ils repréfentent des animaux & des oifeaux par *Ferdinand Van-Keffel.*

216 Des oifeaux : plufieurs font perchés fur un arbre. Ce tableau peint auffi par *Ferdinand Van-Keffel*, eft fur cuivre : hauteur 7 pouces ; largéur 9 pouces 6 lignes.

217 Un autre tableau du même *Van-Keffel*, peint fur vélin de 4 pouces 9 lignes de haut, fur 6 pouces de large, repréfentant des papillons, des fauterelles & des infectes.

218 Deux hibous peints fur cuivre : hauteur 5 pouces 6 lignes ; largeur 4 pouces 9 lignes.

219 Le bufte d'un jeune homme peint fur bois par *Jacques Jordaens* : hauteur 2 pieds ; largeur 18 pouces.

220 La tête d'un Perfan peinte fur toile : hauteur 24 pouces ; largeur 19 pouces.

221 Un paysage avec figures par *Jacques Van-Artois*, fur toile de 23 pouces de haut, fur 32 pouces de large.

222 Un paysage que l'on estime de *Paul Bril*. À droite deux hommes tirent aux canards. Ce tableau est peint fur toile qui porte 2 pieds 10 pouces de haut, fur 4 pieds 2 pouces de large.

223 Deux batailles peintes par *Léandre*. Ces tableaux sont riches de composition, & ils tiennent beaucoup du style de *Salvator Rosa* : ils sont fur toile, & chaque porte 21 pouces de haut, fur 33 pouces de large.

224 Une bataille peinte fur toile de 19 pouces de haut, fur 2 pieds 3 pouces de large.

225 Un tableau peint fur toile, collé fur bois de 6 pouces 3 lignes de haut, fur 7 pouces 6 lignes de large, par *Nicolas Pouffin* ; il repréfente un fujet de la métamorphofe.

226 Un buste d'homme peint par *Sébastien Bourdon*, fur toile de forme ovale : hauteur 22 pouces ; largeur 18.

227 Une Marine dans le goût de *Claude Gellée*, sur toile, collée sur bois : hauteur 2 pieds 8 pouces ; largeur 3 pieds 7 pouces.

228 Plusieurs Tableaux que l'on détaillera.

SUPPLÉMENT.

DESSEINS.

229 Dix-neuf Etudes de têtes & Figures, presque toutes à la sanguine, par *André del Sarte.*

230 Vingt-sept Etudes de mains, & & plusieurs Compositions, par *Frà Bartholomé de Saint Marc.*

231 Vingt-quatre Etudes, Figures & Sujets, par *Daniel de Volterre, Jacques Pontorme, Vasari*, & autres Italiens.

232 Neuf Desseins à la plume, dont un rehaussé de blanc ; ils sont de plusieurs Eléves de Raphaël.

233 Vingt-sept Desseins du *Pomerange*, *Jacques Ligozio* & *Cherubin Albert.*

234 Quatorze Paysages, ornés de Fi-

gures, dont un de *Francesque Bo-
lognese*.

235. Dix-huit bons Desseins à la sanguine & à la pierre noire, faits
d'après les plus célebres Tableaux
du Correge, par *Fréderic Zuccaro*.

236 Quatorze Etudes; les unes à la
plume, les autres à la sanguine, par
François Mazzuoli, dit le Parmesan.

237 Trente-cinq Desseins de Peintres
Bolonois.

238 Onze Desseins de vieux Maîtres
Vénitiens.

239 Seize Payfages & Sujets, tous à la
plume, plusieurs font lavés, par
Dominique Compagnole.

240 Douze Desseins, Sujets pieux &
autres, par *Paul Calliari*, de Vé-
rone.

241 Treize Desseins de *Battista Franco*.

242 Vingt autres de *Jacques Palme*,
le jeune.

243 Douze Desseins presque tous à la
sanguine ou à la pierre noire, par
Antoine Allegri, surnommé le Correge.

244 Onze Etudes d'oiseaux & animaux, plusieurs colorées, par *Albert Flamen*.

60.‑ 245 Deux Payſages avec Figures, à la plume & au biſtre, par *Paul Bril.* Les compoſitions ſont très riches ; ils ont été faits à Rome, en 1598.

72:2 246 Deux autres auſſi très capitaux, par *Paul Bril.*

96.‑ 247 Deux *Ditto.*

72.‑ 248 Deux autres Deſſeins de *Paul Bril.*

30.10 249 Quarante deſſeins de Maîtres divers.

‑ 250 Un enfant qui tient un oiſeau ; ce deſſein eſt à la plume, par le *Guerchin*, ſous verre & bordure dorée.

‑ 251 Un Payſage avec figures, ſur vélin, par *Hermant Suanvelt*, ſous verre & bordure.

78.19 252 Une tête de chienne, deſſinée à la ſanguine, ſur papier blanc, par *Edme Bouchardon*, ſous verre & bordure dorée.

Tableaux.

1200 253 Un Sujet champêtre, peint ſur toile, par *Pater*, & ſix figures de caractere dans un Jardin, peintes ſur bois, par *Watteau* : ces Tableaux portent

portent chaque 13 pouces de haut,
fur 10 pouces de large.

254 La Vierge, avec l'Enfant Jesus;
ce Tableau peint fur bois, par un
ancien Maître, porte 22 pouces de
haut, fur 19 de large.

255 Un Tableau peint fur toile, de 17
pouces de haut, fur 36 pouces de
large; il repréfente une vielle, une
mufette, & des livres de Mufique.

256 Plufieurs Tableaux que l'on détaillera.

Eftampes montées fous verre.

257 La Gallerie du Luxembourg, en
vingt-trois Eftampes, gravées d'a-
près *Pierre-Paul Rubens.*

258 Plufieurs autres Eftampes que l'on
détaillera.

F I N.

Lu & approuvé, ce 23 Septembre 1775,
COCHIN.

Vu l'approbation, permis d'imprimer, ce
27 Septembre 1775. ALBERT.

De l'Imprimerie de DIDOT, rue Pavée, 1775.